오늘, 푸른 날의 잔향

조윤희 지음

시인의 말

꽃잎이 떨어지며 남긴 발자국을 따라 오후를 걸었다. 시를 쓰는 일은 나의 완연했던 한때를 그려보는 일. 여리고 붉었던, 혼자였기에 애틋했던 그해. 곱씹어도 넘겨지지 않는 추억을 입에 가득 물고선 뙤약볕을 걷고, 낙엽을 즈려밟고, 때로는 색을 잃고 하얗게 번져버린 세상을 바라보며 나의 꽃잎만은 영원히 내 속에서 만개하기를 꿈꾼다.

시를 쓰는 일은 나의 민낯을 바라보는 일이다. 그 속에서 당당해지기까지 몇 번의 세수를 통해 정신을 깨우며 나를 마주하는 연습을 해야 했다. 아직도 붉은 뾰루지에 예민해지고 사춘기와 같은 방황을 겪고 있지만 겨울의 문턱, 저 차가운 땅으로 낙하하기 위해서는 용기가 필요했다. 어느덧 거목이 된 삶의 중턱에서 아래를 내려다보며 지지 않는 꽃잎이라 믿어왔던 한때를 놓아주는 것.

이 책을 쓰며 나는 고집스럽던 봄을 놓아주었다.
바람에 부딪히고 땅바닥을 구르며 붉은 꽃잎을 뱉어냈다.

목차

시인의 말 _02

봄

새싹	14
들풀	15
벚꽃	16
개나리	18
소나무	19
햇살	20
봄비	21
기지개	22
소풍	23
꽃잎	24
낮잠	25
항해	26
할매	27

명자꽃	28
품	29
휘어진 꽃	31
마주 보며 걷는다는 것	32
편지	33
달안개	34
크레딧	35

여름

새순 38

장마 39

파도 41

날비 42

소나기 43

별똥별 44

석양 45

선잠 47

백유 49

고민 50

달 51

불 52

껌 53

촛불	54
칵테일	55
백사장	56
우산	58
갈증	59
잔디	60
다이어리	61
숲	62

가을

다가오는 가을에게 66

시절 67

바람에 떨어진 가을 68

아이야 69

떠나는 것은 70

나이테 71

낙엽 72

노을 74

억새 75

등불 76

보름달 78

허수아비 79

귀뚜라미 80

수채화	81
독서	82
할아버지	83
모닥불	84
산책	85
시골	87
카페인	88

겨울

찻물 92

침묵 93

첫눈 94

벽난로 95

목도리 96

안개 98

수묵화 100

얼음 101

고독 102

참회록 104

호수 106

겨울꽃 107

눈사람 108

겨울새	111
환기	112
고민	113
사진	114
설화	115

봄

새싹

짙은 흙더미 사이
단단한 묵은 때를 벗고
볕을 향해 고개를 내민다

검은 화폭에
한 줄기 빛을 칠하니
푸른 잎이 숨을 쉬는구나

봄의 초대에
보배로운 사랑이
싹을 틔웠다

들풀

돋아난다
길고도 질긴 것이
해를 탐하며 하늘로 솟는다

태어날 작은 꽃잎 하나에
생을 뿌리박고
너나 할 것 없이 피어났다

삼킬 것보다
나눌 것이 많은 생을 받아들이듯
작은 양분 하나를 소중히 나누어
네가, 너희가 되었다

그 자리에 항상 있어 주렴
내가 잠시 흔들릴 때
그저 곁에 기대 주렴

오늘의 너처럼.

벚꽃

바람결에 흩날리는
봄 한 잎,

작은 아기가 선잠 이루듯
새근새근 사랑스러운
너의 향기가 흐드러진다

잠시 들린 세상에
많은 웃음을 주고

미련 없이 손 흔들며 떠나는
외로운 손님,

나의 벗.

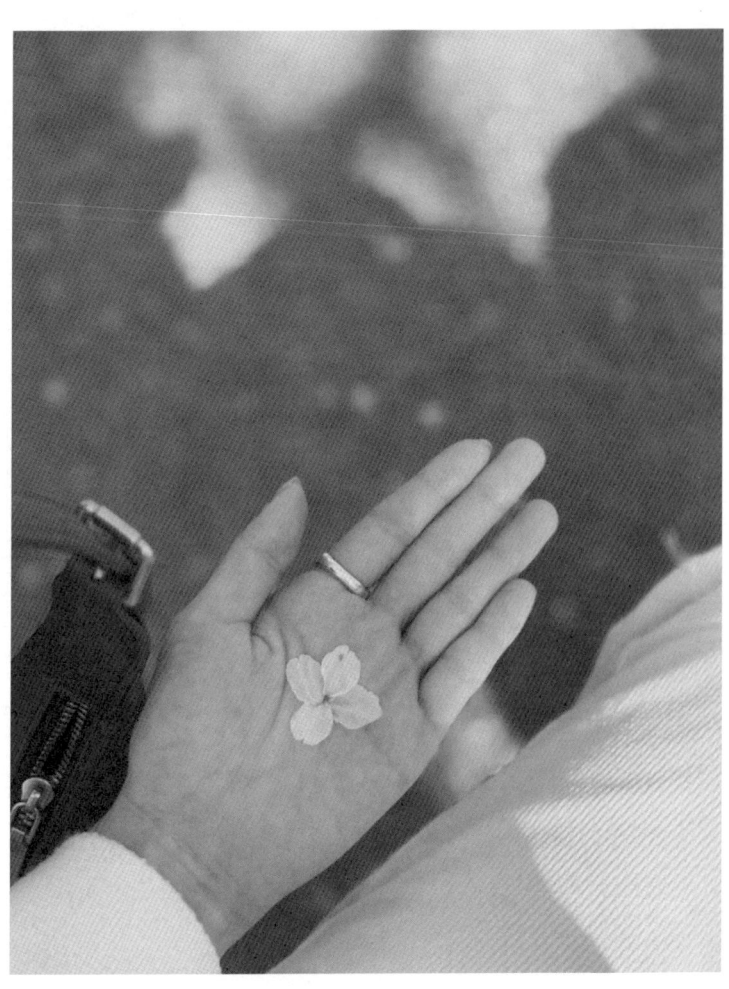

개나리

봄의 소식을 물고
샛노란 웃음을 띤 채
성큼 개화했다

등불을 어깨에 메고
어스름 새벽도
환히 비추니

머물 곳 없던
향기가 날아와
골목을 밝혔다

소나무

엉성하고 구부정한 허리로
뭉친 어깨가 두둑하다

사시사철
자식의 버팀목이 되어
그리움의 키만 자라나니

다부진 생의 자태가
아빠를 닮았다

햇살

좋아하는 책 한 권 챙겨
벤치에 누우니

손가락 사이로
햇살이 가득 흘러나온다

나뭇잎 사이로
하늘이 흔들리는 눈부신 계절은
참 아름답구나

세상을 구경하는 발길마다
따뜻하게 밝혀주는

욕심 있는 사랑이 가득한 날이었다

봄비

두 팔 벌려
가랑비를 안는다

영롱한 눈망울이 떨어지며
얼굴을 간지럽히니

단밤의 투정과도 같은
봄의 울음을 달래며

먹먹한 삶의 단편을
토닥여주었다

기지개

두 손을 마주 잡고
활처럼 휘어진 채
하품을 늘어지게 해본다

무엇이 그리
답답하여 이리도 퍼지는지

창틈에 끼인 햇빛 한 줄기에
몸이 한껏 당겨졌다

가슴 속 후련하게
기지개를 켜니

나른한 여유에
눈물이 난다

소풍

볕 좋은 자리에
돗자리 하나 펼치니
도란도란 입을 오가는 웃음소리

배꼽이 울리도록
허기졌던 외로움을
꼭꼭 씹어 삼킨다

지는 노을은
오늘의 행복을 간직하듯
자꾸만 긴 꼬리를 늘어뜨렸고

한강에 쉬러 온 달을 바라보며
우리는 한참 동안
아쉬움을 오물거렸다

꽃잎

바람에 들춰지는
얇은 페이지들

너에게는 어떤 봄이 수록되었을까

가냘픈 손목 휘휘 저으며
불어주는 향긋한 풀내음이
다정한 이야기를 써 내려간다

백화난만[1]한 붉은 바람,

낱장으로 흩날리는 꽃잎마다
책엽[2]이 발그레 물든다

---

1. 백화난만하다 : 온갖 꽃이 활짝 펴 아름답고 흐드러지다
2. 책엽 : 책을 이루고 있는 낱낱의 장

낮잠

선선히 내리 쉬며
살결에 와닿는
미온한 봄의 입김,

거슬거슬한 눈썹을 비비며
찾아오는 그늘을
봄볕이 말없이 덮어주니

코끝에 벌겋게 익은
연산홍 꽃잎이 아름드리 피어났다

홀로 실바람 타고
발그레한 선잠에 든다

항해

산에 울려 퍼지는 들녘의 노래
상천[3]을 헤엄치는 바람

응어리진 마음에
초록의 푸른 길 열리니

넉넉한 구름의 품을 껴안고
저 먼 능선으로 항해한다

오래도록 철썩이는
봄의 뒷모습

얼어붙은 겨울을 깨고
헤엄쳐 온 너를 바라보며
한참을 배웅하였다

---

3. 상천 : 지평선이나 수평선 위로 보이는 무한대의 넓은 공간

할매

뿌연 달빛이 닿을 때쯤
배를 어루만져주던

하이얀 이불을 끌어올려
소복히 덮어주던

이름만으로
울먹여지는

백발의 목련

당신이 떠난 자리에
눈물 젖은 손수건이 가득하다

명자꽃

두 팔을 옭아매던
푸른 알맹이를 뜯고

화려히 피어나는 날갯짓

연지곤지 볼에 바르고
봄결 따라 시집가려나

뜨겁게 사랑하다
핏빛으로 저무는

입춘의 비극이 쓰여진다

품

너의 품에서는 풀꽃 냄새가 난다

이름 모를 들꽃이던 내게
풋풋한 사랑으로 불러주던

빛을 잃은 자욱한 안개에도
흔들릴 용기를 주던

상처 난 잎사귀에도 나비는 날아온다며
함께 봄을 견디어주던

그렇게 나를 사랑할 수 있게 해준 너,

이내 함께 지는 순간에도
너의 품에서는 풀꽃 냄새가 났다

휘어진 꽃

낮은 곳에 앉은 너의 모습을 담기 위해
허리를 구부려 다가갔고
우리는 함께 휘어졌다

그럼에도 너의 그늘에는
꽃향기가 나는구나

덩그러니 놓인 향기로운 너를 보며
나는 겸손을 배웠다

마주 보며 걷는다는 것

함께 걸으며 손을 마주 잡는 것은
모든 어둠에서 너를 잃지 않기 위한 것

너의 보폭에 나의 이유를 발맞춘다는 것은
너의 나아감에 기다려줄 인내가 있다는 것

네가 잠시 멈춰 섰을 때 마주 서서 웃어 보인다는 것은
네가 힘들 때 곁에서 한결같이 웃어줄 수 있다는 것

그 모든 위로에 내가 행복할 수 있는 것은
나를 배려하며 네가 함께 걸어가기 때문이다

편지

이리도 마음에 자국이 날 줄 알았다면
난 너의 이름을 부르지 않았을 것이다

달안개

낮게 머무는 월광이
새벽을 비추는 밤

달랠 길 없는
마음을 입에 물고
머릿속을 하얗게 지워본다

뿌연 안개의 향연,

오랜 그리움에 걸터앉아
달빛 한 모금 내뱉는다

크레딧

밤길에도 꽃이 향기롭듯
나도 여운이 긴 사람이면 좋겠다는 생각을 한다

찰나의 사진처럼 기억되지 않고
오랜 영상으로 기억되는 사람

나와의 시간이 긴 추억의 영화가 되어
엔딩 크레딧이 오를 때
자리에서 일어나지 못한 채
그 끝을 바라봐 주는 사람

이토록 욕심 많은 나를
있는 그대로 사랑해 주기를 바란다면

난 과한 사람일까.

여름

새순

봄의 밑동을 자르고 여름을 준비한다

마음의 짐이었던 가지들을 잘라내고
새순을 기다리며,

도란도란 앉아 있는 새 푸른 아이들

바람과 함께 휘청이는 저 여린 잎이
나를 꼭 닮은 듯하여,

공연히 작은 몸뚱이를 바라본다

너의 섬섬[4]한 생은
가진 것 없어도 가난하지 않구나

---

4. 섬섬하다 : 가냘프고 여리다

장마

고요한 찻잔 위로
생(生)이 쏟아진다

조용히 빛나던 세상은
날카로운 비에 찢겨 고통을 내지르니

나는 언제쯤 세상 한 잔에
푸념을 음미할 수 있을까

차가운 빗길 위로
개지 않는 마음을 바라만 보았다

파도

여름이 밀려와 귀를 적신다

촉촉히 들려오는 바다의 선율,

바다 위에 음표를 비비며
들려주는 한낮의 뜨거운 연주는

겨드랑이 사이로 파고들어
나를 폭 안아주니

가끔은 젖은 하늘에
빠져들고 싶다

날비

언제 떨어진 것이냐

화창한 오후의 불청객,
하늘에 불현듯 네가 내렸다

그렇게 넌 내게 와
빗물 가득한 시가 된다

하루를 뒤척이던 생각들이
어느새 너에게 배어들고

손님처럼 찾아와 두드린 날비가
서서히 내 글 속으로 스며든다

소나기

하늘의 수문이 열리고

목마른 갈증에
달빛을 삼킨

보얀 빛이
부서져 내린다

고요를 두드리는
물의 메아리

어둔 새벽을 쓰다듬는
잔잔한 파동

불쑥 찾아온 위로가
베개를 적신다

별똥별

묵묵히 짙어져 온
유한한 세월,

달의 파편 아래
하얀 수염이 자라나니

너는 태어나고 지는 순간까지
몹시도 찬란했다

석양

복숭아 한입 베어 문 하늘에
노란 과즙이 흐른다

물드는 여름을 둥글게 뭉쳐
밋밋한 오후를 가득 채우고

바람에 쫓기던
구름의 눈시울이 붉어지니

넘실거리는 해의 물결을
유유히 작별했다

선잠

덜 익은 생각들이 몰려와
자꾸만 눈이 무거워지는 시간

꿈이었을까,
분명 노랫소리가 들렸다

운율 위에 올라탄 언어들을
품에 껴안고 잠드니

빙긋한 미소가 감돌며
천천히 꿈에 스미는 밤이었다

포근한 이불에 감싸진 체취는
나를 안아주기에 충분하였고

익숙하면서도 궁금한 그 향이
나를 맴도는데 싫지가 않다

배신할 온정은 아니기에

믿음직한 우정 아래 눈을 감고 선잠에 든다

백유

가만히 흑연을 칠하다
연필에 찔린 멍울을 바라본다

그어지지 않는 밤길 위에서
나는 어느 글자에 찔린 것일까

수신인 없는 문장을 써 내리며
주소 없는 편지를 수놓으니

침대 밑,
버려둔 외로움이 구겨져
하늘 위로 흩뿌려진다

하얀 상처가 가득한 밤이었다

고민

고민은 자전한다

꼬리 물던 생각은 돌고 돌며 다시 내게로 왔고

한낮 가득 비추던 생각은

밤이 되어서야 하얀 마침표가 찍혔다

달빛만이 고민을 인내하는 밤이었다

달

늦은 밤,
하늘에 뜬 등대 하나

작은 너는
어둠을 삼키며

제 몸 깎이는 줄 모르고
오롯이 하얗게 빛나니

문득 네가 부러웠다

너는
칠흑의 두려움에서
덧없이 찬연하구나

불

산란한 불길 속
불어난 마음을 잠재우지 못하고
추운 손 하나 잡아준다

당신의 뜨거운 희생은
흔한 눈물 하나 흘리지 못하고

탁하게 그을리며
흐리게 흩어지니

내 전부를 태워
당신을 안아주리라

껌

심오한 인내로 덩이진 꿈은
허기진 단내만 부풀고

입안을 감돌던 향기엔
배곯은 행복만 그득하니

난 베어 물 달콤함을 위해
매일 밤 쓴 입맛을 다셨다

촛불

한때는 뜨거웠다

고개 숙인 심지에 타오르던 노을은
천진한 첫사랑을 비추었고

작게 불타던 어린 빛이
어느덧 밤을 녹이고 새벽을 태웠다

태워진 재를 탓할까,
부서진 사랑을 탓할까.

우린
헤어지고 있었다

칵테일

흐릿한 조명은 향기를 훔쳐
눈물 고인 밤을 달콤하게 하는구나

솔직한 한 잔에 시 한 줄 마시고
빈 술잔에는 달빛을 기울여볼까

너와 삼켰던 이야기에 감칠맛이 돈다

오늘 담긴 이의 민낯이 뜨겁구나
너의 쓴 하루에 가슴이 붉어진다

잔에 비친 내가 외로울까
수줍게 입술을 부딪치니

잔등의 불빛이 촉촉한
너와의 밤술이 맛있다

백사장

해변을 거닐며
별빛에 밟히는 고운 너를 보았다

많은 이들에게
쥐어지고 밟히다가

못내 그 관심조차 받지 못하고
황량한 밤을 견디는 너를 보니

이 밤을 홀로 걷는
나를 보는 듯했다

우산

찡그렸던 미간은 펼치고
축 처진 입꼬리를 올리니

발장구치며 걷는 발재간에
함께 흔들흔들 리듬을 탄다

활짝 핀 웃음은
여느 연꽃 부럽지 않으니

빗물에 부딪히며 내는
우산의 타닥이는 소리가

장마의 웃음소리 같았다

갈증

입안으로 해가 떴을까

수분을 앗아가는
마른 햇빛은

타지 않는 가뭄을 겪게 하니
목마른 갈증에 혀를 내두른다

괜찮다고
잘 견뎌왔다고,
누구든 시원하게 말해주길,

한 마디의 갈증이
몹시 고픈 날이었다

잔디

자라나는 머리를 털며
더운 여름을 쏘다닌다

쓸리는 발길질에도
털어지지 않는 땀은

경기 내내 반짝이며 길을 밝히니

너의 희생어린 쓰임을
연신 박수쳤다

다이어리

하루의 끝에서
얽힌 감정을 정리하다 보면
시가 쓰고 싶어진다

여름길에 떨어뜨린 생경한 문장들은
내면을 여행하기 충분했고

달빛을 지도삼아
잠시 글 속에 빠져들었다

주름살이 무성한 공책 사이에
너덜거리는 단어들을 읽고 있노라면

내가 사랑한 것들은
모두 낡고 바래져 있음을 깨우친다

숲

높이 오른다고 나무가 되지 않는 것을,

언제나 푸르길래
그리 많은 가시를 품은지 몰랐다

사면을 넘노는 볕이
늘 너를 따뜻하게 보듬는다 여긴 것은

화려한 자태를 보며 느낀
나의 자격지심이었다

가을

다가오는 가을에게

나무마다 노을이 진다

저마다 걸음을 늦춰
밟히는 가을의 소리에 귀 기울이고

처연한 갈바람은
떠나는 여름이 못내 아쉬운지
어딘지 쓸쓸한 한숨을 내쉰다

넌 한없이 뜨거웠던 마음을
가지마다 품어 단풍을 물들이고

높이 떠난 하늘에 손 흔들며
다가올 설렘을 맞이한다

시절

또다시 피어날 것을
향기를 품은 채 불어올 것을
나는 자꾸 야윈 가지를 탓했다

쏟아지는 빗물에
마르고도 부서지는 마음은
꼭 나를 닮았구나

어느 날 던져진 빗물의 인사는
비어가는 나무마냥 쓸쓸했다

바람에 떨어진 가을

아침부터 부지런한 댓바람에
금세 코를 훌쩍인다

너무 작은 것들까지
사랑하였던 낡은 마음아,

네게 연연한 붉은 그리움들이 떠나가
이미 사라진 것들에는 여백이 가득했으나

버리지 못한 애착들이 바람되어
소멸한 감정에도 추억은 다시 불어왔다

노랗게 여문 풀잎은
제 아무리 강한 바람에도 향기를 잃지 않으니
난 그렇게 하늘을 우러러 조용히 흔들리련다

아이야

마른 입가에 목이 말라
널 부르는 목소리에 주름이 졌다

아름다운 말들로
너를 물들이고 싶었는데

가시진 말로
너의 뽀얀 볼이 붉어지도록
소리를 내질렀다

철들지 않은
나의 어리석음을 원망하거라

늘 하루가 저물어서야
단풍이 핀 얼굴을 쓰다듬어주었다

미안하다
미안하다.

떠나는 것은

끊임없이 너의 이름을 넣고
밋밋해진 차향에도 코를 대고 음미하는 일

가로등 아래 서서
홀로 진 그림자에 너를 상상하는 일

손에 익은 글자를
연신 지우는 일

하루 안부가
나만의 일기가 되는 일

닿지 않을 그리움을 엮어
이렇게 너를 적어보는 일.

나이테

어쩌면 나무는 일 년을 살아가며
한 해를 지워가는 것일지도 모른다

고무가 희고 밝지 않을 뿐

나조차도 미련을 쉬이 문지르지 못하면서
왜 너만은 가벼이 해낼 것이라 생각했을까

너는
높이 바라본 정경 사이
잊고 싶은 나날이 쌓여

그리 열심히 지우며 살았던 것이다

낙엽

작년,
놓고 온 낙엽이 그리워
가을이 되었다

혹여 당신이 잊었던 추억이 있을까 하여.

움켜쥔 것보다 떨어뜨린 것이 많아
마음이 눅눅한 계절,

밟히기 위해 희생된 삶은 아닐 텐데
우리는 그것을 보며 웃고 떠든다

이래서 쓸쓸한 계절이라는
수식어가 붙은 것일까

시작,
꿈에 잠겼던 마음들이 말라
땅에 떨어진다

그래, 곧 겨울이 오겠구나

노을

당신이 아름다운 것은
저물어가기 때문이다

살아내려 하지 않고
그대로 해에게 녹아
무너지기 때문이다

기도와 함께
넘실거리는 채하,

뭉근하게 익어가는
고별의 시간,

유한한 세월은
무한한 그리움을 남겼다

억새

하얗게 사윈 머리를
이리저리 흔들며

잘 있다고
안부를 건네는
당신의 넋

들판에 너울대는 달빛에
밤의 이부자리 펼치고

아스라이 사라지는
빛의 그늘에서

끝내 잠들지 못하고
어깨를 들썩인다

등불

고적한 장편의 삶,
몽우리진 빛이 잉태했다

여기저기 웃음을 씨 뿌리며
곱게도 빛나는 너란 아이

나라는 사람이 세상을 걷도록
밝게 비춰주는 길목 어귀에서

눈부시도록 아름다운
너라는 존재를 의지하며 걸었다

나의 샛별,
나만의 등불.

보름달

찻잔에 보름달 띄워
허망한 여백을 채우니
입안 깊숙이 바다가 흐른다

달을 베개 삼아
하늘을 덮고 잠에 드는 파도,

귀를 울리는
바람의 곡조,

수심이 가득한 밤에도
나의 꿈은 소등되지 않았다

허수아비

나의 가슴엔
한 줌 재밖에 없어서

이름 없는 죽음 앞에
참회하며 살아간다

십자가 등에 업고
평생을 썩어가는데

눈물 하나 흘리지 못하니

내 한 몸,

가을의 끝에서
연기가 되어
자유로이 날아가리라

귀뚜라미

동녘 풀섶 위로
어젯날 부친 편지 한 통
뚜르르 눌러 접어

노랫말 입에 물고
가랑비에 잠겨보니

잊었던 멜로디에
마른 가지 습해지도록
네가 떠올랐다

수채화

가슴에 물든 감정이
얼룩진 단어를 뱉는다

혀끝으로 베어낸 마음이 몇이나 될까,

요원해진 풍경은
우리의 멀어진 관계를 그리는 듯하니

선명하지 못한 화폭,
단단하지 못한 색채,

그 모든 선과 면에
나는 안개가 되어가고 있었다

독서

백지를 앞에 두니
나의 속살이 비춰왔고

날것의 피사체는
검게 마모된 글자 앞에서
누구보다 당당했다

그어지고 덮여져도
남겨진 잔흔은
그리 흉터 지지 않으니

책 앞에 마주한 모습을
차분히 쓰다듬었다

할아버지

저 높은 해를 우러러보던 이가
고꾸라지는 언덕길을 내려오기 얼마나 두려웠을까

쓰임 다한 무릎으로
나를 반기며 어기적 걷는 모습에

새벽도 아닌데
찬 이슬이 가득 눈에 맺혀
자꾸만 하늘을 바라봅니다

모닥불

외로울 땐 잔을 들고
그리울 땐 펜을 들었다

감정에는 향기가 없는데
너를 떠올리면 익숙한 향이 맴돌며
상상력을 자극했다

꼭 네가 곁에 있는 것처럼.

뭉근하게 익어가는 모닥불 앞에서
펜을 들고 너와 함께 익어가니

두 볼 발갛게 번진 사춘기 소녀와 같구나

언제나 상처와 함께 뭉그러질 것을
난 자꾸만 순수하게 사랑했다

산책

자연 그대로의 순결함,
유순하고 무해한 것들만 눈에 담고 싶다

미풍이 유약하게 불어오고
빛의 입자들이 땅을 덮힐 때

난 그 위를 조심스레 거닐며
산책을 한다

또다시 망각할 오늘의 여유,

난 그저 이 시간의
기억하지 못할 침묵을 사랑하며
영원한 걸음을 걸어갈 뿐이다

시골

뭣 하나 성치 않은
그곳은 늘 느긋했다

형언할 수 없는 안정감,
고립된 여운,

어느 이의 온기였을까,
마당에는 쓸지 않은 가을의 잔흔이 가득하니,

한때의 웃음들이 떠난 자리를
조용히 지켜보았다

카페인

커피 한 잔이 어깨를 감싸는 오후,
늦가을의 품을 향기로 선물해 주는 것 같구나

커피잔을 두 손으로 감싼 채
그 속을 가만히 바라본다

나의 짙은 동공이
너에게 얼룩이 되지는 않을까

여전히 시선을 피한 채,
입김만 불어 넣고 있으니

원두향은 조심스레 우리를 안아주고 있었다

같은 향이 가미된 관계,
더 이상 낯설지 않은 향훈[5].

---

5. 향훈 : 향기로운 냄새

난 그날의 우리를
오래도록 머금으며 추억한다

겨울

찻물

찻잔에 눈을 녹여
겨울을 마신다

물속으로 투영된 내면은
가늠할 수 없는 공허의 깊이만이
깊게 서려 있으니

색을 잃은 눈빛은
긴 허망 속에서 마음을 휘저었다

살다 보니
때로는 차가운 눈이 모난 얼음을 녹이더라.

침묵

봄볕에 탄 목소리는
겨우내 책 속 거름이 되니

검고 탁한 몇 글자에
물집이 터져 눈물이 나왔다

목멘 바람소리,
빈 가지 노랫소리

짙은 잉크에 파묻혀
쓸쓸히 동절[6]을 낭독하니

나의 글에
슬픔이 범람한다

---

6. 동절: 계절이 겨울인 때

첫눈

처음이라는 단어는 낯설고도 신선한 설렘을 가져온다.
꼭 첫눈이 그러했다.

비로 태어났을 눈은 추위에 못 이겨 펑펑 내린다.

추적추적 내리는 비에는 모든 이가 우울해하는데
나 하나 추워서 오들오들 떨다가 눈이 되니 사람들이 행복해한다.

내리는 비에 첫눈이라는 이름을 붙이니
가히 사랑스러운 이름이 되지 않는가.

나도 어느 날 비에 쓸쓸하고 외로울 때 첫눈이 내리면 좋겠다.

그것 하나에 웃음 지으며 나의 비를 잊어버리게.
나도 첫눈이 될 수 있다고 믿어보게.

벽난로

단단했던 허물을 벗는 나무,
뜨겁게 타오르는 임종의 시간

단단한 지탱이 되어주던 삶을 내려놓고
잘게 부서져 가는 뒷모습을 보니

너는 이리도 여린 존재였던 것일까

양지바른 마음으로
모두에게 푸르른 삶을 일깨워주던 너,

타들어 가는 순간에도
아낌없는 온기를 베푸는구나

너의 그늘 뒤로
나의 눈물이 자욱해진다

목도리

너에게서 그의 냄새가 났다

목을 감싸는 그해의 기억

매듭진 마음은 풀리지 않고
여전히 이곳에 묶여 있구나

실오라기 엮인 붉은 인연,

초승달이 자리 잡은 밤하늘에
목도리 걸어둔 채,

또다시 한 해를 인내하며
너를 잠시 잊어본다

안개

동파된 눈,
하늘과 땅의 경계가 자욱하여
내가 있는 곳이 천국인가 생각했다

내 품에 안긴 눈송이,
가엾도록 작은 몸집

그때부터
나의 앞마당엔 해가 들지 않았다

얼어붙은 그곳에 네가 서린다

엄마가 되고서는
한 번을 녹지 못하고 단단하게 살아왔는데

연기 지는 저편으로
네가 돌아올 것만 같아서

아침이 오지 않는 안개 속에서
난 며칠이고 너를 부른다

아가, 아가.

수묵화

마음이 지극하도록 안아주었던가.

주름진 한지 위로
한 줄기 먹빛이 번지니

흐린 명도의 기억 뒤로
아픔만큼은 선명했다

그래, 살아야지

혹여 남겨진 이가 그늘질까,
애써 가리는 손길 위로

수묵이 번진다.

얼음

깨물고 굴리며
서로 부둥켜안는 조각들

괜찮아,
매일이 따뜻하지 않아도 돼.

가끔은 네가 떠안은 추위가
나에게 울부짖을 용기가 되어줄 거야.

고독

비가 내리는 창밖으로
흰 창살이 쏟아지니

간혹 찾아오는 아픔은
맑고 투명했다

나에게 고독은

막연하게 고여 있다가
서서히 멀어지는 일.

손쉽게 잊고
간과하는 일.

끓는 감정을 낭비하다가
미적지근하게 식어가는 일

때로는
연약해질 용기를 가져보는 일.

그렇게 나를 알아가는 일.

참회록

어슷한 연필 자루 손에 쥐고
뭉툭해진 겉면을 신밀히 깎아내는 과정은

잡념들을 퇴고하는
한 해의 참회에 있어
선두에 나서서 할 일이니

나는 과연 묵중하게 살아왔는가.

떠돌던 마음은 결국 회귀 되어
늘 같은 속앓이에도
가슴을 내리치니

나는 과연 한결같은 사람인가.

한 장의 승복까지
당신은 얼마나 짙은 시간을 견디어 왔을까

헤아리지 못할 숭고한 기다림 앞에
나는 또 한 줄의 회개를 한다

호수

삶의 안락,
유연한 고립,
완만한 고요.

초연한 태도로
일관된 매일을 살아내다 보면

겨울의 느슨한 온기만이
나를 움직이게 하였고

어느덧
헤엄쳐도 삶이 파도치지 않는 어른이 되어 있었다

나의 불안은
더 이상 흐르지 않고
이곳에 고여 한결같이 잔잔하다

세월이 나아가듯, 유유히.

겨울꽃

앙상한 겨울,
몽우리진 길목을 걸었다

움트는 시기의 길은
향기롭지도, 아름답지도 않았지만
손가락질하지 않기로 했다

피어날 순간이 얼마나 경이로운지
몇 해의 사계를 통해 깨달았기 때문이다

선선히 불어오는 바람을 가로지르며
나의 꽃은 아직 웅크리고 있다고 믿기로 했다

눈사람

끝을 알고 뭉쳐진 눈의 외연은
그리 둥글지 않은 것을,

보얀 웃음을 짓던 이들의 외면은
여전히 낯선 상처를 준다

난 어쩌면 이 길목 위로
외로움을 짓고 있던 것일까

풍한[7]을 단단히 이겨내는 어른이 되어서도
찰나의 난기[8]는 서서히 그늘을 녹였고

난 그렇게 무너져 가니,

---

7. 풍한 : 바람과 추위를 아울러 이르는 말
8. 난기 : 따뜻한 기운

집 앞마당에
홀로 선 흰 국화,

허무한 그의 뒷모습이
나를 닮았다

겨울새

흰 보따리 머리에 이고
바다를 유영하는 작은 새

구름일까,
소복히 덮인 그곳을 헤엄쳤다

새하얀 그 곳을 비행하며
넌 몇 번의 낙하를 했을까

미약한 날갯짓으로도
굳세게 저항하며 나아가는 당돌함에

얼어붙은 창공을 우러러보며
모든 변명을 눈 속에 묻고
미답[9]의 눈길을 걸어 나갔다

---

9. 미답 (未踏) : 아직 아무도 밟지 않음.

환기

나에게 환기는

가장자리의 마음을 쓸어주는 일,
외곽의 쓸쓸함을 밝혀주는 일,
부옇게 쌓인 고민을 내보내는 일,
무심한 이별에도 묵묵히 적응해 보는 일,
잊었던 공간에 손을 올려 기억하는 일,
내게 묻은 너의 체취를 내쉬는 일,
일상의 반복을 변주하는 일,

그렇게
하루를 견뎌내는 일.

고민

애저녁, 서두른 둥근 달
한 알의 사과로 익어 탐스럽다

수북한 잔 생각
비를 내려 씻을까

움푹한 잔 상처
너를 벗겨 잊을까

찰나의 청춘에
숱한 노을이 물었겠지

서른의 너는
어떠한 대답을 하고 있을까

그날도 저 달은 예쁠까.

사진

달력을 넘기다 문득,
정지된 시간을 회상한다

고작 한 낱의 종이가
내게는 참 묵직하니

너를 바라볼 때면
난 겨울이 되어
눈시울이 붉어진다

이젠 베인 사랑 위로
하얀 새살을 돋아 내야겠다

봄을 기다리며,
흉 지지 않게.

설화

곱게 내리는 설광[10],
설색[11]의 옷을 둘러
능히 사랑을 피워내니

너의 청아함은
다복[12]한 공간을 희게 물들였다

잃을 것 없는 무(無)의 상태,

자체만으로도 천지를 밝히는 너를 보며
부질없는 질투를 느끼니

빈궁한 마음을 지닌
나는 아직 가난한 시인이다

---

10. 설광 : 눈이 내리거나 눈이 쌓인 경치.
11. 설색 : 눈의 빛깔과 같은 흰빛
12. 다복하다 : 풀이나 나무 따위가 아주 탐스럽게 소복하다.

오늘, 푸른 날의 잔향

초판 1쇄 인쇄 2025년 10월 15일
초판 1쇄 발행 2025년 10월 15일

지은이   조윤희

디자인   포레스트 웨일
펴낸이   포레스트 웨일
펴낸곳   포레스트 웨일
출판등록   제2021-000014 호
주소   충청남도 아산시 탕정면 용머리길 40 유니콘101 216호
전자우편   forestwhalepublish@naver.com

종이책   979-11-94741-51-0

ⓒ 포레스트 웨일 | 2025
- 이 책은 저작권법에 의하여 보호받는 저작물이므로 무단 전재와 복제를 금합니다.
- 이 책 내용의 전부 또는 일부를 이용하려면 사전에 저작권자와 포레스트 웨일의 서면 동의를 얻어야 합니다.

작가님들과 함께 성장하는 출판사
포레스트 웨일입니다.
작가님들의 소중한 원고를 받고 있습니다.
forestwhalepublish@naver.com